<u>Table</u>

Une République Maçonnique

Le livre de Sophie Coignard "*Un Etat dans l'Etat*" montre que l'influence des loges est toujours aussi forte, notamment dans la haute administration. Il est temps pour les frères, au nom du progrès qu'ils vénèrent, de renoncer au secret maçonnique. Un jour, c'est un ministre, dont on apprend l'appartenance à telle obédience; un autre, c'est une perquisition dans une loge qui révèle que des initiés ont usé de leurs liens pour contourner la loi et se remplir les poches.

Les Français qui n'en sont pas veulent savoir ce qui se trame sous les tabliers, devinant une influence forte de ces réseaux. Parce que le secret franc-maçon, enfin, qui oblige tout initié à nier son engagement fraternel, attise la curiosité en même temps qu'il suscite le soupçon.

En ce début de XXIe siècle, la franc-maçonnerie doit relever un immense défi si elle veut recouvrer sa modernité et tomber du côté de la "Lumière" qui lui est si chère: elle doit mettre fin au "secret maçon" et recommander à ses membres de revendiquer leur appartenance à une loge, preuve d'engagement dans la vie publique et d'activité intellectuelle altruiste.

Attachée, au fil des siècles, à promouvoir le progrès, la franc-maçonnerie se complaît aujourd'hui dans l'obscurantisme du non-dit. Justifiée jadis pour éviter les persécutions, cette attitude n'a plus aucun fondement. Il n'y a plus d'antimaçonnisme primaire, religieux ou politique. Le secret maçon est injustifié, déloyal et ringard. Pour être un bon maçon, il fallut sans doute, longtemps, se cacher. Aujourd'hui, il faut l'assumer, si ce n'est l'afficher.

Dans un arrêt, la Cour de Cassation - du 12 juillet 2005 - a jugé que "*La révélation de l'exercice de responsabilités ou de direction au* titre d'une quelconque appartenance politique, religieuse ou philosophique ne constitue pas une atteinte à la vie privée." Il n'y a rien de privé dans le fait de se rendre dans un lieu collectif pour débattre, participer à des agapes et en profiter pour évoquer des affaires personnelles.

Pierre Marion, ancien patron de la DGSE, qui a quitté la Grande Loge nationale française affirmait que "*Cette obligation [...] alimente dans le public des fantasmes nuisibles à la santé de l'Ordre. [...] En outre, elle peut justifier aux yeux des plus disciplinés un refus de collaborer avec la justice.*"

Il ne s'agit pas de lancer les 150 000 frères à jour de capitation (300 000, environ, en ajoutant ceux qui ont fréquenté un temps une loge) dans une vaste opération de délation, mais de simplement leur demander de ne plus se défiler devant la question de leur initiation.

La seule raison d'être du secret, c'est l'influence. "*Sans lui, la franc-maçonnerie deviendrait une association comme les autres*", explique Sophie Coignard. "*A quoi bon cacher s'il n'y a rien à cacher*?" Et en effet, on se cache parmi les frères parce qu'il y a beaucoup à cacher. L'influence, cela va du copinage à l'affairisme et, si le second s'est peut-être raréfié dans les loges, le premier est plus vivace que jamais. En un monde de réseaux, celui-ci fonctionne à plein. Internet, c'est l'accès de tous à l'information de base; la franc-maçonnerie, c'est l'accès de quelques-uns à l'information rare.

Police Nationale

Mais c'est au coeur de l'Etat que le système maçon est le plus à son aise. "*Un moment très symbolique a marqué les esprits profanes*", raconte Sophie Coignard. Lorsque le père du président de la fraternelle du ministère, qui regroupe tous les maçons qui ont pris le risque de se signaler ainsi, est décédé, le secrétaire général de la Place Beauvau a demandé au personnel d'observer une minute de silence.

Le jeune patron du syndicat de policiers Synergie confie aussi son expérience: "*Je reçois beaucoup de lettres marquées des trois points, ou qui se terminent par "fraternellement", et certains me serrent bizarrement la main lorsqu'ils me disent bonjour.*" Les commissaires eux-mêmes ne sont pas en reste puisque, selon les estimations, 1 commissaire sur 4 est franc-maçon. Tout le monde parle de la proportion de francs-maçons chez les commissaires. Mais personne ne s'est jamais interrogé sur ce ratio chez les contrôleurs généraux, le grade supérieur. Là, je pense qu'on tourne à plus de 50 %.

Justice

La justice est un autre champ d'influence labouré par les initiés. Il y a pourtant une contradiction évidente entre le serment des magistrats, qui exige de "*garder religieusement le secret des délibérations*", et celui des francs-maçons, où la solidarité entre frères doit passer avant tout. Mais rien n'y fait, comme l'établit "*Un Etat dans l'Etat*" : "*Tout le monde, dans le petit milieu parisien de la magistrature, tient pour acquis que l'ancien et l'actuel président de la cour d'appel de Paris, Jean-Marie Coulon et Jean-Claude Magendie, de même que l'ancien président de la Cour de cassation, Guy Canivet, sont familiers des loges. Pourquoi ? Parce que plusieurs membres du Conseil supérieur de la magistrature (CSM) ont, pour ces hautes nominations et pour d'autres, éprouvé le besoin d'en parler.*"

Le CSM est divisé en deux formations distinctes, l'une compétente pour les magistrats du parquet, soumis à la hiérarchie de la chancellerie, l'autre pour ceux du siège, réputés indépendants et inamovibles. "*Selon moi, les maçons sont majoritaires dans la formation chargée du parquet et moins nombreux dans celle du siège*", évalue l'un de ses membres, auquel il est arrivé une curieuse expérience. "*L'un de mes amis, qui l'était, m'assure un jour qu'un collègue, dont le dossier devait passer bientôt devant nous, serait nommé à tel poste dans telle ville. Je me montre sceptique, car chaque candidat a fait plusieurs demandes. Le jour venu, je fais exprès d'insister pour explorer d'autres possibilités que*

*le poste et la ville choisis d'avance, selon mon ami. En pure perte :
le passage devant le CSM était en fait une formalité. Tout était écrit
d'avance.*"

Premier président de la cour d'appel de Versailles, Vincent
Lamanda posa sa candidature au CSM, en 2002, avec un argument
fort: "*Je ne suis pas franc-maçon. Personne n'a voulu aller contre,
de peur que ce soit interprété comme un aveu d'appartenance*",
s'amuse un des participants au vote.

Sophie Coignard raconte comment, à Bordeaux, la liste des
membres d'une loge, saisie lors d'une perquisition, est arrivée sous
les yeux d'un journaliste de *Sud Ouest*. Celui-ci eut "*une idée aussi
simple que décapante : il a appelé les personnes mentionnées pour
leur demander si elles appartenaient à la franc-maçonnerie.
"Succès garanti*", raconte-t-il. "*A l'autre bout de la ligne, j'ai eu droit
soit au silence, soit à des dénégations indignées, soit à des
borborygmes inintelligibles. Et, au bout d'une demi-heure, j'ai vu
débouler successivement deux confrères qui m'ont demandé ce
que je faisais exactement comme enquête*".

La franc-maçonnerie n'en finira pas avant longtemps de livrer ses
secrets, même si elle renonce au secret. Organisation humaine,
elle ne peut être qu'imparfaite, mais se doit d'être exemplaire, donc
transparente, au nom même de son engagement humaniste.

Laïcité, bioéthique, régulation du capitalisme, établissement d'un
droit mondial. Les thèmes à débattre aujourd'hui ont besoin des
travaux des maçons. Par chance, les volontaires affluent, poussés
vers les loges par la crise des idéologies, le déclin ou le
durcissement des religions et les déceptions politiques.

Alors qu'une demande de transparence se manifeste de toute part,
la franc-maçonnerie conserve un sens du secret qui pose un vrai
problème à la démocratie. Ce n'est pas parce que les responsables
des principales obédiences jouent la carte des médias ou que tel ou
tel personnage célèbre laisse deviner son appartenance que cette
fraternité se laisse percer à jour. Le fonctionnement interne, les
règles de solidarité, les liens unissant les membres, tout est couvert

par une chape de plomb qui protège un certain nombre de dérives, notamment un affairisme inquiétant.

Il apparaît clairement que sous la dimension philosophique se cache une fonction de réseau qui a pris une part largement prépondérante. A l'origine, ce réseau visait l'efficacité dans la réalisation d'idéaux. Lorsque la maçonnerie s'est mobilisée pour le planning familial, le débat de société s'est vu accéléré par les positions avancées qu'occupaient les frères dans les écoles, les associations de parents d'élèves, les municipalités ou les ministères. Là, ils ont fait tache d'huile pour la bonne cause.

Les principales réformes de société souhaitées par les francs-maçons ont presque toutes été réalisées par la société civile. Il ne reste donc plus à la maçonnerie que son aspect réseau.

En raison de son caractère très autocratique, la maçonnerie dépend étroitement de l'exemple qui est donné par les grands maîtres et leur entourage. Comme le pouvoir vient d'en haut, si l'on n'est pas extrêmement vigilant, le système verse dans la pure conjonction d'intérêts, d'un bout à l'autre de la hiérarchie.

Or, depuis une quinzaine d'années, l'élite dirigeante a multiplié les affaires d'argent et cultivé avec le pouvoir des liens beaucoup trop étroits. Les hauts grades, totalement cooptés par l'étage supérieur de la pyramide, tissent des liens avec les dirigeants politiques ou économiques, mettent en place les échanges, définissent les stratégies et agissent au gré de leurs intérêts. Ce sont ces détournements de finalité au sommet qui ont gagné tout l'édifice et perverti l'organisation.

Le nombre de francs-maçons mis en examen en est la preuve. Les pires dérives se sont manifestées dans le sud-est de la France, la région Provence-Alpes-Côte d'Azur, où l'influence maçonnique est énorme, qu'il s'agisse de l'arsenal de Toulon ou des tribunaux de commerce.

Des responsables comme Mitterrand ou même Rocard se sont servis des francs-maçons pour monter des systèmes de financement parallèle. De même que les principaux responsables de la mairie de Paris ou ceux de la région Ile-de-France. Car la maçonnerie offre le cadre idéal, notamment à travers la connexion politique-bâtiment. Et puis, quand on est borderline, quelques relations bien placées au sein de la police ou de la justice permettent au dossier compromettant de rester au bas de la pile...

Officiellement, les constitutions d'Andersen, document de base des francs-maçons, imposent le respect des institutions comme celui des lois et demandent que les coupables soient sanctionnés. Elles ne prévoient pas la loi de l'omerta, car le secret a pour objet non pas de protéger les frères, mais de permettre la progression de la cause. En réalité, la justice maçonnique impose à ses membres d'en référer d'abord à leur hiérarchie avant toute action devant les tribunaux de la République.

Il y aura toujours des gens qui seront gênés - cadres, dirigeants de société, directeurs d'administration centrale - de livrer leur identité. Car un principe demeure: à qualité égale, je préfère un frère. C'est une réalité incontournable. Vous ne trouverez donc pas de grand maître qui souhaite voir le secret levé. Cependant, de plus en plus de frères s'en plaignent. Une chose est sûre, en tout cas: le secret ne doit plus servir à couvrir des malversations ou des agissements condamnables.

Dans le cas de la maçonnerie, ses propres institutions concurrencent directement celles de la République. Quand des magistrats sont juges professionnels au nom de la République et qu'ils exercent les mêmes fonctions au sein d'une obédience, il y a de quoi être choqué. Surtout s'ils protègent en interne des faits qui mériteraient d'être examinés par la justice profane.

Grand Loge Nationale

Le Royaume-Uni a longtemps été au sommet de la franc-maçonnerie mondiale, avec le Ruskin College, la Fabian Society, la Grande Loge d'Écosse. Puis le centre s'est déplacé outre-Atlantique. On doit aux francs-maçons «la création, en 1776, des États-Unis d'Amérique. De George Washington à Franklin D. Roosevelt, plusieurs générations de frères se sont succédé pour bâtir la première démocratie au monde.»

Il y a environ sept millions de maçons à travers le monde. Plus de la moitié sont Américains (4 millions). Dans un foisonnement très complexe, on peut parler trois des principaux Rites: le Rite Écossais Rectifié (1782); le Rite Écossais Ancien et Accepté (1804), parfois appelé Rose-Croix en Angleterre, le plus pratiqué dans le monde; le Rite Français (1784). Ce dernier est très largement majoritaire au Grand Orient de France (GO), la principale obédience française, qui compte quelque 40 000 membres.

Autre obédience non reconnue par les Anglo-Saxons : la Grande Loge de France (GLF). Depuis 1945, un outsider, la Grande Loge Nationale Française (GLNF), se fait envahissant, avec un recrutement systématiquement élitiste et « une politique d'expansion tous azimuts ». Ces trois obédiences sont masculines (il en existe des féminines ou des mixtes). Sur l'axe traditionnel droite-gauche, pas forcément pertinent, la GLNF est la plus à droite, avant la GLF.

Cette obédience, que la Grande Loge unie d'Angleterre («Grande Loge Mère de tous les maçons»), et, à sa suite, toutes les maçonneries reconnues par cette dernière, considèrent comme la seule «régulière» en France, etait fondée en 1913, sous le nom de Grande Loge Indépendante et Régulière pour la France et les Colonies Françaises.

Elle est officiellement déiste, et reconnaît le G.A.D.L.U. Elle compterait, en Bretagne par exemple, bon nombre d'ecclésiastiques, ce qui n'a rien d'étonnant car, depuis le concile Vatican II, l'enseignement de la hiérarchie est beaucoup plus proche de l'humanitarisme maçonnique que de la doctrine catholique traditionnelle.

Mais la GLNF séduit également dans les milieux catholiques dits de tradition. Elle est très influente dans les milieux de la droite nationale française où elle recrute aussi bien chez les ésotériques soi-disant chrétiens que chez les néo païens. Proche de la droite, très présente au UMP et à l'UDI mais aussi au Front National, on la découvre même dans tous les mouvements traditionalistes.

Rejetant tout anticléricalisme, ses membres défendent, en effet, la messe en latin, le rite de Saint Pie V […] D'ailleurs ils sont résolument anti-modernes. Ils peuvent donc se présenter en alliés des catholiques traditionalistes et, politiquement, de la droite, au point de ne voir aucun inconvénient à adhérer à l'Action Française […]

Les liens de la GLNF avec le monde anglo-saxon ont toujours été si étroits que les F.F. des obédiences rivales disaient, il y a une quarantaine d'années, qu'elle n'était ni grande, ni nationale, ni française! Pour renforcer ces liens, et faire échec aux obédiences «irrégulières», elle vient de créer une association intitulée France-USA Masonic Association, dirigée par l'un de ses grands officiers, le F. Dominique Madej, qui est par ailleurs membre de l'Ordre Darwiniste initiatique.

Toutefois les rivalités inter-obédientielles et les mauvaises relations intra-maçonniques ne doivent pas faire illusion: ces querelles sont souvent dues à des rivalités de personnes ou à des histoires de «gros sous», d'avantage qu'à un désaccord sur les principes; désaccord qui est plus apparent que réel car, comme aiment à le dire les Frères Trois Points: «l'ordre (maçonnique) est un malgré la diversité des obédiences» et «la Maçonnerie doit demeurer le Centre de l'Union». Les Frères savent toujours se serrer les coudes quand «il pleut sur le temple», c'est-à-dire quand la maçonnerie est en danger.

C'est ainsi que, les relations longtemps coupées, ont été renouées entre la GLNF et le Grand Orient de France: les deux ex-grands maîtres, Jean-Charles Foellner (*GLNF, accompagné de son prédécesseur, Claude Charbonniaud*) et Alain Bauer (*GODF*) se sont rencontrés le 29 novembre 2001 afin de «*rétablir un dialogue dont l'absence a été source de malentendu et de polémiques*».

Ils ont choisi librement de rétablir des relations fraternelles qui avaient existé près d'un siècle et qui doivent rester fondées sur le respect mutuel et une coopération nécessaire lorsque l'intérêt général de la franc-maçonnerie est en cause». De plus les deux obédiences ont décidé que «*le GODF et la GLNF reconnaissent la qualité de l'initiation prodiguée par chacune à leurs Frères. En conséquence, il n'est pas procédé à une nouvelle initiation en cas de changement de parcours maçonnique*». Il est probable que ce rapprochement est dû à l'inquiétude éprouvée par ces obédiences devant les multiples affaires de corruption où la maçonnerie est mise en cause.

De toutes façons, les initiés des diverses obédiences, «régulières» ou non, se retrouvent ordinairement au sein des «fraternelles» et des clubs maçonniques, plus actifs et plus influents dans le monde «profane» que les loges elles-mêmes.

En application du Rite Écossais Rectifié, «*tout candidat à la GLNF doit prêter serment sur l'Évangile de Saint-Jean et jurer fidélité à la sainte religion chrétienne. Au début de chaque "tenue" [réunion], la Bible est ouverte sur l'autel.*» La GLNF va décoller au lendemain de la Seconde Guerre mondiale avec «*l'installation du siège de l'Otan à Paris* » et l'arrivée de «*milliers de militaires américains, canadiens et britanniques, souhaitant pratiquer la maçonnerie de leur pays.*»

Pour avoir accès aux 7 millions de frères au-delà de l'Hexagone, il faut appartenir à la GLNF. La maçonnerie libérale, elle, ne totalise que 800 000 membres. [...] "*Quel que soit le pays, tu trouves un point de chute, explique un homme d'affaires maçon. L'obédience nous fournit ce qu'on appelle des "garants d'amitié". Dans l'annuaire de la GLNF, tu trouves les coordonnées de ces "garants d'amitié" dans tous les pays. Si tu as besoin de renseignements ou d'appuis avant de te rendre quelque part, tu envoies un petit mot. Dans le pays en question, tu es invité dans une loge et tout de suite tu te constitues un réseau. Cela marche formidablement."* Voilà comment des hommes comme Pierre Falcone, impliqué dans la fameuse affaire de vente d'armes à l'Angola, se constituent des réseaux internationaux sans difficulté, grâce à des frères recommandés par la GLNF en fonction de leurs besoins. Voilà pourquoi de nombreux agents des services de renseignements extérieurs sont membres de la GLNF.»

La GLNF connaît un passage à vide en 1965 lorsque l'Otan déménage de Paris à Bruxelles. Jean Baylot, ancien préfet de police de Paris, est l'artisan du redémarrage avec Yves Trestournel, nommé en 1972 secrétaire de l'association qui régit l'obédience. En 1980, tous deux poussent à la tête de la GLNF Jean Mons, ancien directeur de cabinet des présidents du Conseil Léon Blum et Paul Ramadier - celui qui a négocié l'implantation du stay behind en France.

La GLNF passe de 5 000 à 20 000 membres : tout un gotha industriel, financier, politique, judiciaires, médiatique, militaire, barbouzard. Mais les frères de la GLNF contrôlent aussi la Françafrique, le lobby de l'armement, une bonne partie de l'industrie nucléaire et pétrolière, de la finance, des jeux, paris et casinos : si l'on additionne les marges non officielles dégagées dans l'ensemble de ces secteurs, on atteint au bas mot la vingtaine de milliards d'euros par an. Du grain à moudre, une masse de manœuvre protégés par le contrôle de grands médias et une forte implantation dans la haute magistrature.

À la mort de Jean Mons, en 1989, c'est le notaire de Jacques Chirac, André Roux, qui devient Grand Maître. Début 1992, il veut écarter Charbonniaud et Trestournel. Il a un curieux accident de voiture en plein Paris. « Certains s'étonnent qu'il n'y ait pas eu d'autopsie. » Claude Charbonniaud le remplace. Sa réélection, en 1995, est mouvementée. Le n° 3 de l'obédience, Alexandre de Yougoslavie, lui envoie une lettre de démission fracassante : « Un de vos proches collaborateurs s'est saisi du fonctionnement de l'Ordre : il peuple nos instances de ses créatures, distribue des prébendes et achète des consciences. [...] Cette éclosion publique des scandales [...] nous porte un très grave préjudice. Il ne s'agit pourtant que de la partie visible de l'iceberg. »

En 1996, Pierre Bertin, Premier Grand Surveillant, adresse à ses frères une lettre réquisitoire : « Notre Grande Loge Nationale Française est en danger, en passe d'être dépossédée par une multitude d'affaires scandaleuses. [...] Ceux qui, exerçant les plus hautes fonctions de notre obédience, participent à de telles déviations, les acceptent ou même les suscitent, violent les lois et les usages de l'Ordre maçonnique et trahissent notre Constitution. Les mêmes d'ailleurs, dans la plupart des cas, ont tissé des réseaux occultes qui menacent l'équilibre de notre société en bafouant les lois de l'État... »

Lorsqu'il commandait la DGSE, Pierre Marion était le patron du service Action, relais en France du stay behind. Le général Jeannou Lacaze a dirigé ce service, avant de devenir chef d'état-major des Armées et d'engager une interminable carrière de conseiller militaire auprès des dictateurs françafricains. Il est, lui, parfaitement à l'aise à la GLNF, à « la très secrète loge La Lyre, non numérotée dans l'annuaire de la GLNF, de peur que des frères encore ingénus ne puissent en connaître la composition... » Il y côtoie notamment deux anciens dirigeants de chez Bouygues, Jean-François Humbert et Pierre Boireau. La Lyre est allée à Brazzaville célébrer l'élévation au titre de Grand Maître d'un vaillant combattant du monde libre et du pétrole, l'ex-marxiste Denis Sassou Nguesso, dont le retour au pouvoir s'est corsé d'une rafale de crimes contre l'humanité.

 général de la Défense nationale, etc.). » « L'une des fraternelles de l'armée, le Groupement Amical de la Défense Nationale (GADN), est [...] extrêmement secrète », ont constaté Ottenheimer et Lecadre.

Dans cette guerre, la France s'est vu confier un champ géographique spécifique : son ancien Empire africain. Et la franc-maçonnerie, plus spécialement la GLNF, a été instrumentalisée à

Afrique

La GLNF a une importante activité internationale du fait de sa reconnaissance par toutes les maçonneries étrangères liées à la Grande Loge unie d'Angleterre –notamment les 49 Grandes Loges des Etats-Unis– et du prestige qui s'attache à cette situation. Très présente en Afrique depuis une vingtaine d'années (alors qu'auparavant le Grand Orient de France y était en position dominante), la GLNF a initié à la maçonnerie une multitude de hauts fonctionnaires, de chefs d'états et de dirigeants de l'Organisation de l'Unité Africaine, et elle a instauré plusieurs grandes loges.

Depuis un bon moment déjà elle drague les potentats africains, quitte à en débaucher certains du Grand Orient de France. Peu à peu, les complices richissimes du pillage de leur pays, les dictateurs mués en truqueurs d'élections adhèrent à la GLNF : le Gabonais Omar Bongo, le Congolais Denis Sassou Nguesso, le roi du Maroc Hassan II, le Burkinabè Blaise Compaoré, le Tchadien Idriss Déby, le Camerounais Paul Biya... Tous des amis de Jacques Chirac, qui les accueille d'une large accolade. Ils sont promus aux plus hauts grades. Au Gabon, la GLNF rafle d'un coup les trois cents personnages "qui comptent". Elle colonise aussi le versant français de la Françafrique : les intermédiaires comme Pierre Falcone, ou son associé Arcadi Gaydamak, les officiers des Services et de l'Infanterie de Marine, le haut encadrement d'Elf...

C'est le cas, à Madagascar, de la Grande Loge Nationale Malgache, comme, à Ouagadougou, de la Grande Loge indépendante du Burkina Faso, ou à Brazzaville, de la Grande Loge du Congo au Gabon, dont le président, Omar Bongo, est un de ses affiliés, la GLNF posséda longtemps une Grande Loge de district qui est devenue, en 1983, Grande Loge du Gabon, de même qu'à Dakar l'ex-Grande Loge de district s'est transformée en Grande Loge indépendante du Sénégal; à Brazzaville, le président Denis Sassou-Nguesso, initié de la GLNF, est aujourd'hui Grand Maître de la Grande Loge du Congo et son intronisation s'est faite en présence d'une délégation de la GLNF; au Niger, c'est le Premier ministre, Hama Amadou, qui fait partie des adeptes, tout comme les présidents Idriss Deby au Tchad, Paul Biya au Cameroun et Blaise Compaoré au Burkina Faso. En Côte d'Ivoire, les deux rivaux dans la guerre civile qui déchire le pays étaient maçons: le président Laurent Gbagbo est un initié du Grand Orient et son rival aujourd'hui décédé, le général Robert Gueï, appartenait à la GLNF.

Fraternité Europe Afrique

«Fraternité Europe Afrique» est le bulletin de liaison du *Groupe fraternel d'étude des questions africaines*, connu et initiés sous le sigle GFEQA. Il est envoyé aux membres de cette fraternelle depuis le bureau de la ex-vice-présidente du Sénat, Michèle André. Cela évite les frais postaux et permet aux destinataires de ne pas risquer de se dévoiler aux yeux de leur facteur, de leur gardien ou de leurs voisins

En janvier 2009, son contenu est inhabituellement dense. La fraternelle fête son 33ème anniversaire. Et 33, en maçonnerie, n'est pas un chiffre comme les autres. Puisqu'il marque «le dernier degré franchi dans cette mort progressive à la vie profane».

Mais surtout, le GFEQA annonce et prépare la grand symposium qui réunit chaque année les franc-maçons français et africains. Les rencontres humanistes et fraternelles africaines et malgaches (REHFRAM).

En 2008, c'était le Congo-Brazzaville qui recevait. Un lieu ou ne règne pas particulièrement l'esprit de concorde et de fraternité. Son président de la République, Denis Sassou-N'Guesso, ancien général qui a pris le pouvoir en 1997 à l'issue d'une guerre civile très meurtrière, est grand maître de la Grande Loge du Congo, installée par la GLNF (Grande Loge Nationale de France), et n'a pas précisément une réputation de grand ami des droits de l'homme.

En Afrique, un président initié, même de fraîche date, peut-être bombardé grand maître de l'obédience locale. Omar Bongo, le très autocrate président gabonais, est également grand maître de la plus importante obédience locale, parrainée par la GNLF.

Au départ, Bongo a été initié au Grand Orient. Son parrain était l'ancien numéro deux du régime, l'ancien président du Sénat Georges Rawiri. Mais un jour, il est devenu évident que pour les affaires, notamment pétrolières, le Grand Orient ne suffisait plus. C'était utile pour discuter avec Elf, mais pas avec les Anglo-Saxons. Et pour s'ouvrir au monde anglo-saxon, il fallait rallier la GNLF, qui permettait, à terme, d'être reconnu par Londres et d'avoir accès à l'ensemble du réseau.

La règle est en effet, sur le papier, des plus simples : il faut trois loges pour créer une obédience. La GNLF opère donc en deux temps. D'abord, elle initie sous son propre flambeau. Puis, lorsque les effectifs sont suffisants, elle transmet ses « patentes » à une nouvelle obédience créée de toute pièces.

Europe de l'Est

Dans les pays de l'ancien bloc soviétique, les diverses obédiences maçonniques françaises et européennes (surtout allemandes) ont commencé à reconstituer la franc-maçonnerie dès l'arrivée au pouvoir de Gorbatchev. En Hongrie (où la maçonnerie avait continué à fonctionner discrètement sous le régime communiste), ce fut la Grande Loge Nationale d'Autriche qui s'installa la première en 1987; mais, dès le 27 décembre 1989, le Grand Maître de la GLNF, qui était alors André Roux, établissait à Budapest une Grande Loge de Hongrie.

A Prague, c'est le 17 novembre 1990 que la Grande Loge Nationale de Tchécoslovaquie a été reconstituée sous les auspices de la Grande Loge unie d'Allemagne, de la Grande Loge suisse Alpina et de la GLNF. A peu près à la même époque, une Grande Loge de Pologne fut reconstituée à Varsovie sous les auspices de la loge Copernic qui dépendait de la GLNF.

En Russie, une loge intitulée Harmonie fut installée le 14 janvier

1992 par la loge Astrée, une loge russe de la GLNF fonctionnant en France, et une Grande Loge fut constituée ultérieurement; aujourd'hui la GLNF compte plusieurs loges à Moscou. En Ukraine, l'obédience a établi un district dont le Grand Maître provincial est Alex Kryvenko. En Roumanie, la reprise maçonnique fut tardive, du fait de l'opposition du Suprême Conseil et de la Grande Loge de Roumanie en exil, et fut surtout l'oeuvre de la Grande Loge unie d'Allemagne et du Grand Orient d'Italie.

Pourtant la GLNF disposait de trois loges d'exilés roumains fonctionnant en France (Etoile du Danube, Pax in Deo et Roumanie libre), ce qui lui permit ultérieurement de mettre en place plusieurs ateliers auxquels appartiennent aujourd'hui une bonne partie des dirigeants du pays.

La Lyre de Salomon

Le général d'armée Jeannou Lacaze, ancien du S.D.E.C.E. et ancien chef d'Etat-major des Armées, est membre de l'influente et très secrète loge parisienne de la GLNF, La Lyre de Salomon. Autre militaire de haut grade appartenant à l'obédience: le général d'armée Raymond Germanos, ancien inspecteur général des Armées.

Pierre, Marion, ancien patron du service secret français, le S.D.E.C.E., est franc-maçon depuis 50 ans; il a en effet été initié en 1953 au GODF où il a été plusieurs fois vénérable de la loge Montaigne; il a quitté l'obédience au bout de 20 ans, la trouvant trop à gauche; il a alors rejoint la GLNF où il a été pendant plusieurs années vénérable de la loge Erasme puis «Grand Porte Glaive»; il s'est éloigné de l'obédience en 1996 «à cause des dérives qu'elle connaissait et qui sont devenues publiques»

Jacques Chirac

Dans leur livre *Les frères invisibles*, Ghislaine Ottenheimer et Renaud Lecadre ont écrit à propos de Jacques Chirac: «*des maçons de haut grade affirment qu'il a été initié à la Grande Loge*

Alpina, une obédience suisse très élitiste.» D'autant que Jacques Chirac va évoluer avec une aisance stupéfiante dans une série de mondes où, à un haut niveau, l'initiation est quasi systématique: les contrats d'armement, le nucléaire, l'immobilier, la Françafrique.

Il n'aurait d'ailleurs pas de quoi rougir: son grand-père, instituteur corrézien, était lui-même maçon, Vénérable d'une loge du Grand Orient; son père, Abel-François, l'était également . Mais, commente Ghislaine Ottenheimer, «*l'appartenance de certaines personnalités à la franc-maçonnerie est protégée comme un secret d'État.*» Pour un Grand Officier de la Grande Loge Nationale Française (GLNF), «*le secret est l'un des ressorts profonds de l'être humain. C'est un fantasme des plus puissants.*»

Jacques Chirac a pu avoir d'abord une attirance désintéressée pour la franc-maçonnerie. À quinze ans, il s'intéresse au sanskrit. Il demande à un polyglotte septuagénaire, un "Russe blanc" d'origine lithuanienne, de le lui enseigner. C'est un échec, mais "Monsieur Delanovitch" devient un ami de la famille Chirac, chez laquelle il vient habiter, devenant une sorte « de précepteur, de complice, de père spirituel. [...] De tous les gourous qui ont traversé sa vie, celui-là reste, en fait, inégalé. » Il initie le lycéen à la littérature russe, la civilisation perse, l'art chinois, etc. Il lui fait faire le tour des musées. Jacques Chirac « s'intéresse aux sciences occultes. » Bref, à l'ésotérisme.

En 1977, il conquiert la capitale : « Sur 29 adjoints à la mairie de Paris, une bonne vingtaine étaient maçons », affirme un ancien conseiller de la capitale. Yves Trestournel témoigne de la belle générosité du maire envers la GLNF (avec le patrimoine municipal, tout de même) :

« Quand notre obédience a dû envisager la construction d'un nouveau temple pour remplacer celui, devenu trop exigu, du boulevard Bineau, nous sommes allés voir Jacques Chirac. [...] Il s'est montré bienveillant à notre égard. La mairie de Paris nous a vendu à moitié prix un terrain de 8 500 mètres carrés rue Christine-de-Pisan ! Ensuite, nous avons rencontré les dirigeants de la Caisse des dépôts et Consignations [...]. Eux se sont engagés à devenir nos locataires. Ils nous ont signé un bail de 30 années, qu'ils nous ont payées immédiatement, pour 4 200 mètres carrés de bureaux. Financer la construction du nouveau temple parisien de la GLNF sur les 4 200 mètres carrés restants devenait dans ces conditions un jeu d'enfant. »

La République des Malletes

Aux confins de la politique et des affaires, nous avons vu passer, dans le livre de Pierre Péan, les noms de Frères de la GLNF comme Marcel Laurent, Thierry Imbot (*de l'affaire des frégates de Taïwan*), Alain Juillet, Alexandre Djouhri (*au centre de l'enquête de Pierre Péan*), Raymond Sasia (*ancien garde du corps du Général de Gaulle*), le Général Jeannou Lacaze, le Général Raymond Germanos, Antoine Pagni (*proche de Charles Pasqua*), Yazid Sabeg, Hervé Séveno (*Direction Nationale Anti-Terroriste*), Pierre Donnesberg (*Compagnie financière Edmond-de-Rothshild*) mais également sur les possibles relations particulières entretenues par le Hauts dignitaires de la GLNF avec l'Afique, les noms de nombreux Présidents africains et particulièrement ceux d'Omar Bongo puis d'Ali Bongo (*Gabon*), de Teodoro Obiang Nguema (*Guinée Equatoriale*) et de Denis Sassou Nguesso (*Congo*).

Pierre Péan, en parlant de la GLNF, indique que « *La plupart des chefs d'Etats africains et de très nombreux décideurs en Afrique, qu'ils soient africains ou français, en font partie, mais aussi nombre de grands flics, de journalistes, de militaires et de businessmen.* » Il est vrai que la GLFN offre un vivier important pour la finalisation de certaines « *affaires* » aux confins de la politique industrielle de la France, voire de la politique tout court. Cela ne signifie pas pour autant que tous les «*décideurs*» Francs-Maçons fréquentant la GLNF soient pervertis par un système éminemment secret ou occulte.

Il nous faut rappeler les nombreux voyages de François Stiffani et de certains de ses zélés serviteurs dans certains pays d'Afrique en tant qu'«invités» personnels des Présidents. Il faut se remémorer le fameux voyage au Gabon pour l'intronisation d'Ali Bongo comme

GM de la GL du Gabon. Certains Frères auront le sentiment d'avoir été floués dans leur démarche maçonnique pendant que d'autres, moins regardants ou regardant différemment, y verront la confirmation de leur choix d'adhérer à une association leur permettant de jouer un rôle de premier plan dans le domaine de la politique ou du business, ou tout simplement de donner un *boost* à leur carrière.

Les costumes de Fillon

Par rapport au second mandat de Jacques Chirac (*2002-2007*), sous Sarkozy il y a non pas continuité mais régression, les «réseaux Foccart» étant de retour à l'Elysée sous la forme d'un *one man network...*

Me Robert Bourgi, bien plus l'ancien messager que le légataire du défunt «Monsieur Afrique» du général de Gaulle, Jacques Foccart, fait la pluie et le beau temps à la présidence française pour tout ce qui concerne les «affaires réservées» entre l'Elysée et les chefs d'Etat africains – pas exclusivement francophones d'ailleurs.

Un secrétaire d'Etat à la Coopération, Jean-Marie Bockel, ayant claironné sa volonté de «signer l'acte de décès de la *Françafrique*», il a été limogé. Son successeur, Alain Joyandet, s'est fait adouber, à Libreville, par le président gabonais Omar Bongo, grand suzerain des «affaires réservées» franco-africaines.

Me Bourgi, l'avocat d'affaire, a reconnu avoir payé deux costumes au candidat de la droite. En cette soirée de vendredi 17 mars 2017, son nom fait les gros titres. Il vient de reconnaître que c'est bien lui, le généreux ami du candidat LR à la présidentielle, qui a réglé la facture du tailleur. «Bob» savoure un plat typique du Sénégal où il est né il y a bientôt 72 ans. Quelques heures plus tôt, le président de ce pays d'Afrique de l'Ouest, Macky Sall, l'a appelé: *«Il m'a dit: "Même Fillon! Robert, on n'a jamais autant parlé d'un Sénégalais."»*

Sur l'échiquier politique français, le spectre de ce fou des intrigues et des manigances plane toujours sur la droite où il aime à faire et défaire ceux qui se piquent de devenir le roi. Il connaît de longue date François Fillon qu'il a feint de soutenir lors de la primaire de la droite. *«Je n'ai jamais été associé de près ou de loin à ses déplacements au Sénégal, en Côte d'Ivoire et au Liban»*, jure-t-il.

François Fillon est sans doute tombé dans le piège, sous le charme de ce vétéran de la Françafrique pourtant décrit comme sulfureux, voire tricard, mais qui n'a pas son pareil pour faire croire qu'il est incontournable. Voilà le candidat à la présidentielle humilié. Le *«vieux Bourgi»*, comme il dit de lui-même, savoure son dernier scandale.

«Seule la déconne me guide aujourd'hui. La scène politique française m'amuse», dit-il avec détachement. Entre François Fillon et Nicolas Sarkozy, il n'hésite pas un instant. *«On s'amuse mieux entre bandits,* lâche-t-il, toujours en se marrant. *Nicolas est un vrai copain, un ami.»* Au point que certains se demandent aujourd'hui si la main de l'ancien président de la République n'est pas derrière le dernier rebondissement des affaires Fillon.

L'intermédiaire a servi des années durant Jacques Chirac puis Dominique de Villepin. Avec fidélité, avant d'être remercié, écarté et impliqué dans les batailles de clan et les règlements de comptes. *« Il n'est pas calculateur mais calculé et, ces dernières années, il a été utilisé pour servir des agendas et régler des comptes,* veut croire un ancien chef de la diplomatie français. *Il était vraiment à sa place dans l'ombre, en tant qu'intermédiaire...*

Antoine Graser, specialiste reputé de la Françafrique, ecrit dans son livre:

"Le jeudi 27 Septembre 2007, vers 18h30. L'Elysée est quasiment désert. Carton à la main, une petite soixantaine d'invités, pour moitié des personnalités africaines, abandonnent aux huissiers leurs manteaux dans le vestibule d'honneur. Après avoir patienté quelques instants dans le salon des aides de camp, ils sont conviés à se rendre dans le salon de réception Napoléon III. Lambris dorés,

pendeloques de cristal, tapisseries lourdes et tentures rouges…

Tout le monde scrute tout le monde à la dérobée, en cachant sa surprise: «Ah, donc, lui aussi le connaît.» Même ceux qui étaient dans la confidence ont été étonnés de recevoir une invitation de Nicolas Sarkozy, du président de la République en personne, pour la cérémonie de remise des insignes de chevalier dans l'Ordre national de la Légion d'honneur à Me Robert Bourgi.

De la part du chef de l'Etat, cette marque de reconnaissance personnelle intrigue. «C'est curieux, on disait qu'il ne s'intéressait pas à l'Afrique. Et Bourgi, quand même!»

L'honoré du jour, à la triple nationalité libanaise, sénégalaise et française, est un fondé de pouvoir bien plus qu'un avocat. D'ailleurs, âgé de soixante-trois ans, il a seulement prêté serment en mai 1993. Fils d'un grand commerçant libanais installé de longue date à Dakar, il a grandi au Sénégal à l'ombre protectrice d'une double paternité: celle de son géniteur et celle de Jacques Foccart, le père des «réseaux» franco-africains.

Pour l'homme lige du général de Gaulle, inamovible secrétaire général de l'Elysée chargé de l'Afrique, des services de renseignements et de la carte électorale française, la famille Bourgi était l'une de ses «antennes» au sud du Sahara. Ce fut l'époque où la France, tout juste «partie pour mieux rester», entendait encore les grillons striduler dans ses anciennes possessions d'Afrique noire auxquelles elle venait d'«octroyer» l'indépendance.

Et «la Foc» allait incarner la France dans la durée mieux que les présidents qu'il vit se succéder à l'Elysée: resté avec de Gaulle jusqu'à la fin, maintenu sous Pompidou et rappelé par le Premier ministre Chirac, en 1986, puis présent «dans le décor» jusqu'à sa mort en 1997 sous le premier mandat présidentiel du même Chirac, Jacques Foccart devait suivre Robert Bourgi pendant près de quarante ans – et vice versa.

Après des études de droit, le professeur Bourgi enseigne à l'université d'Abidjan où il se lie à un collègue de la faculté d'histoire, Laurent Gbagbo, l'opposant socialiste au président Houphouët-Boigny. Puis, il «monte» à Paris, monte aussi en grade au sein du mouvement gaulliste, entre au service de Jacques Chirac, au sein du RPR et à la mairie de Paris.

Comme il le fera sa vie durant, il tisse la toile entre la France et l'Afrique. Pour cela, il fait la navette entre les lieux de pouvoir de la République, les palais présidentiels sur le continent et le «vieux» Foccart.

Celui-ci, à l'instar des «filles de la Nécessité et du Destin», les Parques de la mythologie grecque, continue de tirer, de nouer ou de trancher les fils du complexe tissu franco-africain depuis son appartement parisien, rue de Prony, dans le 17e arrondissement, puis, de plus en plus, depuis la Villa Charlotte, sa retraite à Luzarches, dans le Val-d'Oise.

Valétudinaire, de moins en moins capable de se déplacer, Foccart y reçoit plusieurs fois par semaine «Robert», son porteur de messages, qui n'oublie jamais des fleurs pour Odette, sa dernière collaboratrice fidèle, ni les petits chocolats pour le perroquet qui anime la salle à manger. Ici, dans la «case à fétiches» de Foccart, plusieurs générations de dirigeants africains, souvent accompagnés de leur famille, sont venus à confesse.

Les lieux s'y prêtent: un escalier en colimaçon vrille ce manoir en pierre meulière tout en hauteur pour mener aux combles où se trouve le bureau, encombré de souvenirs d'Afrique, du maître des lieux. Dans le couloir, une tapisserie du Père Charles de Foucauld, aux yeux fiévreux et à l'aube blanche marquée de l'emblème du religieux, un cœur surmonté de la Croix, est venu à bout des plus récalcitrants.

Crissements de talons, toussotements et chuchotis : à l'Elysée, l'assistance s'impatiente. Le beau monde réuni pour l'occasion n'a pas l'habitude d'attendre. Trois chefs d'Etat – du Gabon, du Congo et du Sénégal – ont envoyé la chair de leur chair pour les représenter : Pascaline Bongo, directrice de cabinet de son père-président, au pouvoir depuis 1967 ; Claudia Sassou-Nguesso, la fille à qui « Denis » a confié sa communication, et Karim Wade, conseiller spécial et héritier présomptif de l'ex-héraut du sopi, le «changement» en wolof. D'autres présidents africains ont dépêché leur homme de confiance, à l'instar du président angolais José Eduardo dos Santos, représenté par Manuel Vincente, le patron de la compagnie pétrolière nationale, Sonangol, sinon leur ambassadeur à Paris.

Côté français, trois anciens ministres de la Coopération sont présents: Michel Aurillac, dont Robert Bourgi a été le conseiller pendant quelques mois, son seul et éphémère poste officiel ; Bernard Debré, professeur d'urologie, et Michel Roussin, vice-président de groupe Bolloré et ancien directeur de cabinet d'Alexandre de Marenches au SDECE, l'actuelle DGSE.

Une poignée d'hommes d'affaires libanais parlent à voix basse. Parmi eux, Naji Abi Assi, l'influent ambassadeur du Liban auprès du Vatican, a été invité pour être discrètement présenté au président français. Le richissime magnat italien Gian Angelo Perrucci, patron de chantiers pétroliers en Afrique, se tient un peu à l'écart. Fait peu connu, Robert Bourgi est l'avocat-conseil de cet homme aussi secret que puissant.

Tous les invités, qui n'ont en commun que leur lien – plus ou moins assumé – avec «l'homme de Foccart», ont entendu un jour ou l'autre la devise que Robert Bourgi affirme tenir de son «maître» et qu'il aime à répéter, les yeux plissés, ses mains charnues jointes comme pour la prière: «Secret de trois, secret de tous; secret de deux, secret de toujours.» Aussi, les témoins du jour ne se sont-ils jamais croisés dans le cabinet de l'avocat, avenue Pierre-Ier-de-Serbie, dans le 16e arrondissement de Paris. Un cabinet que Robert Bourgi partage avec son épouse, Catherine, également avocate. Elle gère les dossiers confiés par les chefs d'Etat à «Robert».

A 19 heures tapantes, Nicolas Sarkozy entre dans le salon à grandes enjambées, suivi du seul secrétaire général de l'Elysée, Claude Guéant. Il salue chaleureusement « Robert », massif, en costume en flanelle gris à fines rayures blanches, cravate bleue rayée de noir. D'ordinaire facilement blagueur, Me Bourgi attendait ce moment légèrement voûté, les bras en croix sur le ventre, presque soucieux, en tout cas recueilli, à côté d'un petit pupitre. Il s'imprégnait du moment.

Derrière lui, les membres de sa famille semblaient également tétanisés, graves et incrédules, tout à la fois heureux et inquiets à l'idée de ce qui allait se passer. « Mon cher Robert », les premiers mots du président de la République dénouent, d'emblée, la tension qui s'était accumulée. Plus tard, le nouveau chevalier de la Légion d'honneur enverra à tous les notables du « village » franco-africain le texte de l'allocution prononcée au cours d'une cérémonie dont on chercherait vainement une trace officielle, photographie ou texte, sur le site de l'Elysée.

Me Bourgi a de bonnes raisons d'être satisfait des lauriers que lui tresse le chef de l'Etat. La trame du discours a été écrite par Claude Guéant, à partir des éléments fournis par… le récipiendaire lui-même. Puis, le tout a été lissé par la plume de Boris Ravignon, un jeune énarque, conseiller technique de la présidence. Les responsables de la cellule diplomatique de l'Elysée, Jean-David Lévitte et son adjoint chargé de l'Afrique, Bruno Joubert, n'ont pas été consultés – « mis dans la boucle », dans le jargon de l'Elysée.

Il est vrai que les diplomates et africanistes attitrés de la présidence avaient naguère préparé un autre discours, celui que le candidat Sarkozy a prononcé, le 19 mai 2006, à Cotonou. « Il faut débarrasser la relation franco-africaine des réseaux d'un autre temps, des émissaires officieux qui n'ont d'autre mandat que celui qu'ils s'inventent, fulminait alors l'ancien ministre de l'Intérieur. Il faut définitivement tourner la page des complaisances, des secrets et des ambiguïtés. Il nous faut aussi ne pas nous contenter de la seule personnalisation de nos relations.

Les relations entre des Etats modernes ne doivent pas seulement dépendre de la qualité des relations entre les chefs d'Etat, mais d'un dialogue franc et objectif, d'une confrontation des intérêts respectifs, du respect des engagements pris. » Or, qui plus que Robert Bourgi est l'icône d'une diplomatie parallèle qu'on avait *promis de jeter aux orties ? Au cas où les conseillers Afrique officiels, installés à un jet de pierre, au 2, rue de l'Elysée, vivraient toujours à l'heure de Cotonou, mieux valait-il donc ne pas les consulter ou, pis, les faire assister à la cérémonie. Car, depuis le Bénin, l'aiguille avait tourné*

Interview Robert Bourgi (*Le Parisien 2011*)

"Avant toute chose, je veux dire que je parle en mon nom personnel, je ne suis mandaté par personne. Pierre Péan, que je connais depuis vingt ans, est venu me voir pour son enquête sur Alexandre Djouhri et, de fil en aiguille, nous avons un peu parlé de quelqu'un que je connais bien, Dominique de Villepin.

Depuis quelques jours, j'observe, je lis et j'entends les commentaires de ce dernier sur l'enquête de Pierre Péan. Trop, c'est trop. À 66 ans, j'en ai assez des donneurs de leçon et des leçons de morale. J'ai décidé de jeter à terre ma tunique de Nessus, cet habit qui me porte malheur et que je n'ai jamais mérité.

J'ai travaillé avec Dominique pendant des années. Nous avons été très proches, comme on peut être proche d'un ami, de quelqu'un que l'on connaît intimement. Et puis, fin 2005, brutalement, il m'a chassé. Oui, il m'a déçu. N'est pas de Gaulle qui veut. L'entendre donner des leçons, lui que je connais de l'intérieur, m'exaspère.

En mars 1997, le jour de l'enterrement de mon maître, Jacques Foccart, Dominique de Villepin m'appelle et me dit qu'il m'attend le soir même dans son bureau. Ce soir-là, à l'Elysée, il y a Jacques Chirac. Le président me demande de reprendre le flambeau avec Villepin. Et souhaite que je l'initie à ce que nous faisions avec le "Doyen", comme j'appelais Foccart.

Pendant trente ans, Jacques Foccart a été en charge, entre autres choses, des transferts de fonds entre les chefs d'État africains et Jacques Chirac. Moi-même, j'ai participé à plusieurs remises de mallettes à Jacques Chirac, en personne, à la mairie de Paris.

"Il y a du lourd?" demandait Chirac quand j'entrais dans le bureau. Il m'installait sur un des grands fauteuils bleus et me proposait toujours une bière. Moi qui n'aime pas la bière, je m'y suis mis. Il prenait le sac et se dirigeait vers le meuble vitré au fond de son bureau et rangeait lui-même les liasses.

Il n'y avait jamais moins de 5 millions de francs. Cela pouvait aller jusqu'à 15 millions. Je me souviens de la première remise de fonds en présence de Villepin. L'argent venait du maréchal Mobutu, président du Zaïre. C'était en 1995. Il m'avait confié 10 millions de francs que Jacques Foccart est allé remettre à Chirac. En rentrant, le *"Doyen"* m'avait dit que cela s'était passé *"en présence de Villepinte"*, c'est comme cela qu'il appelait Villepin. Foccart ne l'a jamais apprécié… Et c'était réciproque.

En 1995, Juppé et Villepin se sont opposés à ce que Foccart occupe le bureau du 2, rue de l'Élysée, qui était son bureau mythique du temps de De Gaulle et Pompidou. Le *"Doyen"* en avait été très amer. Il avait continué à apporter les fonds, mais il avait été humilié.

À combien évaluez-vous les remises d'argent de Foccart venant d'Afrique?

Incalculable! À ma connaissance, il n'y avait pas de comptabilité. Plusieurs dizaines de millions de francs par an. Davantage pendant les périodes électorales.

Que faites-vous donc à partir de 1997, à la mort de Foccart, avec Dominique de Villepin?

Je l'ai présenté aux chefs d'État africains. Au début, ils se sont étonnés de devoir traiter avec Villepin, qui avait déjà son discours officiel sur la *"moralisation"*… Je leur ai dit que c'était une décision du *"Grand"*, autrement dit de Chirac. Je dois dire que Villepin s'y est bien pris avec eux. Que le courant est bien passé. Il a su y faire… Il m'appelait "camarade" et s'est mis à m'offrir du whisky pur malt de 1963.

Et les remises de valises ont continué?

Elles n'ont jamais cessé. À l'approche de la campagne présidentielle de 2002, Villepin m'a carrément demandé "la marche à suivre". Il s'est même inquiété. C'est sa nature d'être méfiant. Je devais me présenter à l'Élysée sous le nom de "M. Chambertin", une de ses trouvailles. Pas question de laisser de traces de mon nom. Par mon intermédiaire, et dans son bureau, cinq chefs d'État africains - Abdoulaye Wade (Sénégal), Blaise Compaoré (Burkina Faso), Laurent Gbagbo (Côte d'Ivoire), Denis Sassou Nguesso(Congo-Brazzaville) et, bien sûr, Omar Bongo (Gabon) - ont versé environ 10 millions de dollars pour cette campagne de 2002.

Un soir, j'étais à Ouagadougou avec le président Blaise Compaoré. Je devais ramener pour Chirac et Villepin 3 millions de dollars. Compaoré a eu l'idée, "connaissant Villepin comme un homme de l'art", a-t-il dit, de cacher l'argent dans quatre djembés. Une fois à Paris, je les ai chargés dans ma voiture jusqu'à l'Élysée. C'est la seule fois où j'ai pu me garer dans la cour d'honneur! C'était un dimanche soir et je suis venu avec un émissaire burkinabais, Salif Diallo, alors ministre de l'Agriculture.

Je revois Villepin, sa secrétaire, Nadine Izard, qui était dans toutes les confidences, prendre chacun un djembé, devant les gendarmes de faction… Les tams-tams étaient bourrés de dollars. Une fois dans son bureau, Villepin a dit : "Blaise déconne, c'est encore des petites coupures!"

Vous dites que Laurent Gbagbo aussi a financé la campagne de Jacques Chirac en 2002…

Oui. Il m'avait demandé combien donnait Omar Bongo, et j'avais dit 3 millions de dollars. Laurent Gbagbo m'a dit : "On donnera pareil alors." Il est venu à Paris avec l'argent. Nous nous sommes retrouvés dans sa suite du Plaza Athénée. Nous ne savions pas où mettre les billets. J'ai eu l'idée de les emballer dans une affiche publicitaire d'Austin Cooper. Et je suis allé remettre le tout à Villepin, à l'Élysée, en compagnie d'Eugène Allou, alors directeur du protocole de Laurent Gbagbo. Devant nous, Villepin a soigneusement déplié l'affiche avant de prendre les billets. Quand on sait comment le même Villepin a ensuite traité Gbagbo, cela peut donner à réfléchir…

Jacques Chirac était-il au courant de toutes les remises d'espèces?

Bien sûr, tant que Villepin était en poste à l'Élysée. Lors des grandes remises de fonds, j'étais attendu comme le Père Noël. En général, un déjeuner était organisé avec Jacques Chirac pour le donateur africain, et ensuite, la remise de fonds avait lieu dans le bureau du secrétaire général. Une fois, j'étais en retard.

Bongo, qui m'appelait "fiston" et que j'appelais "papa", m'avait demandé de passer à 14h 45. Nadine, la secrétaire de Villepin, est venue me chercher en bas et m'a fait passer par les sous-sols de l'Élysée. J'avais un gros sac de sport contenant l'argent et qui me faisait mal au dos tellement il était lourd. Bongo et Chirac étaient confortablement assis dans le bureau du secrétaire général de l'Élysée. Je les ai salués, et je suis allé placer le sac derrière le canapé. Tout le monde savait ce qu'il contenait. Ce jour-là, j'ai pensé au Général, et j'ai eu honte.

Après la réélection de 2002, Villepin a quitté l'Élysée pour le ministère des Affaires étrangères. Avec qui traitiez-vous?

Toujours avec lui. Cela a continué quand il est passé au Quai d'Orsay, à l'Intérieur, et aussi quand il était à Matignon. Place Beauvau, un nouveau "donateur", le président de Guinée équatoriale Obiang NGuéma, a voulu participer. J'ai organisé un déjeuner au ministère de l'Intérieur, en présence du président sénégalais Abdoulaye Wade et son fils Karim, au cours duquel Obiang NGuéma a remis à Villepin une mallette contenant un million et demi d'euros. Parfois, Dominique sortait directement l'argent devant nous, même si je venais accompagné d'un Africain, et, sans gêne, il rangeait les liasses dans ses tiroirs.

Pour l'anecdote, je lui laissais parfois la mallette sans qu'il l'ouvre en lui donnant le code de la serrure… Une autre fois, lorsqu'il était à Matignon, Villepin s'impatientait parce que l'ambassadeur du Gabon était en retard. Il est finalement arrivé tout essoufflé avec un sac contenant 2 millions d'euros. "C'est lourd", disait-il… en frôlant l'infarctus.

À cette époque, en pleine affaire Clearstream, Dominique de Villepin a toujours évoqué les consignes présidentielles de "moralisation de la vie publique"…

Oui, en public, il a toujours eu ce discours. Dominique est quelqu'un de double. Un individu à deux faces. Pendant toute la période Clearstream, à plusieurs reprises, il était euphorique. "On va bourrer le nabot", disait-il en parlant de Nicolas Sarkozy. Il était certain, pendant des mois, que l'affaire Clearstream allait tuer politiquement son rival. Au total, après qu'il eut quitté l'Élysée, j'estime avoir remis à Villepin, en direct, une dizaine de millions de dollars. Et, outre cet argent liquide, je lui ai remis des "cadeaux"…

Quel genre?

Je me souviens d'un bâton du maréchal d'Empire, qui lui avait été offert par Mobutu. Bongo et Gbagbo lui ont aussi offert de superbes masques africains. Bongo lui a offert des livres rares, des manuscrits de Napoléon… Chirac a reçu des cadeaux splendides, aussi. Je me souviens d'une montre Piaget offerte par Bongo, qui devait réunir environ deux cents diamants. Un objet splendide, mais difficilement portable en France…

Comment savez-vous cela?

J'avais accès au gestionnaire du compte parisien d'Omar Bongo, et il m'est arrivé d'aider certaines personnes proches de Dominique, qui en avaient besoin. Avec "papa", nous avions un code: entre nous, nous appelions Villepin "Mamadou", parce qu'autrefois un secrétaire général du président gabonais se prénommait ainsi. Il me suffisait de dire : "Papa, 'Mamadou' a besoin de quelque chose." Et Omar Bongo me disait de faire le nécessaire.

Vous disiez que les remises d'espèces ont continué quand Villepin était à Matignon...

Bien sûr. Les présidents africains avaient dans la tête que Villepin allait préparer la présidentielle. Omar Bongo, place Beauvau, lui avait dit : "Dominique, entends-toi avec Nicolas." Et Villepin lui avait ri au nez et lui avait répondu : "J'irai à Matignon, puis à l'Élysée." Il avait un sentiment de toute-puissance à cette époque. Je me souviens d'un jour, au Quai d'Orsay, où sa secrétaire m'appelle en urgence. "Camarade, un double whisky aujourd'hui, la ration John Wayne", me lance Dominique dans son bureau.

Il avait quelque chose à me dire : "Aujourd'hui, j'ai atteint l'âge du général de Gaulle le jour de l'appel du 18 juin, j'ai 49 ans, Robert! Je serai l'homme du recours!" Il a prononcé plusieurs fois cette phrase – "Je serai l'homme du recours" – en imitant la voix du Général. En rentrant chez moi, j'ai dit à ma femme qu'il y avait peut-être un problème…

Comment cela s'est-il arrêté et pourquoi?

Fin 2005, la dernière semaine de septembre. Nadine, sa secrétaire, m'appelle selon le code: "Nous allons acheter des fleurs." Cela voulait dire que l'on se retrouve devant le Monceau Fleurs du boulevard des Invalides. Elle venait me chercher en voiture pour m'amener à Matignon. Ce jour-là, elle m'a fait entrer par l'arrière et m'a laissé dans le pavillon de musique. Villepin m'a fait attendre une demi-heure. J'ai tout de suite eu l'intuition qu'il y avait un problème.

Que s'est-il passé?

Il est arrivé et a lancé un drôle de "Alors, camarade, ça va?", avant de m'expliquer : "L'argent de Sassou, de Bongo, de tous les

Africains, sent le soufre. C'est fini", a-t-il poursuivi... Je me souviens de sa phrase : "Si un juge d'instruction vous interroge, vous met un doigt dans le cul, cela va mal finir." Il parle exactement comme cela. Je l'ai bien regardé. Je lui ai dit qu'il m'emmerdait et je suis parti en serrant la mâchoire. Il m'a couru après en disant "camarade, camarade!", m'a rappelé cinq ou six fois dans les jours qui ont suivi. J'avais décidé que ce n'était plus mon problème. Grâce à son ingratitude, je suis allé voir Nicolas Sarkozy.

Comment cela?

Nicolas Sarkozy m'a écouté, je lui ai raconté tout ce que je vous raconte aujourd'hui. Même lui, il m'a paru étonné. Je l'entends encore me demander: "Mais qu'est-ce qu'ils ont fait de tout cet argent, Robert?" Il m'a dit aussi : "Ils t'ont humilié comme ils m'ont humilié, mais ne t'inquiète pas, on les aura." Je l'ai revu la semaine suivante. Nicolas Sarkozy m'a dit : "Robert, là où je suis, tu es chez toi", et m'a demandé de travailler pour lui, mais sans le système de financement par "valises".

Les financements africains auraient-ils cessé pour la campagne de 2007? D'autant que Sarkozy, à peine élu, s'est rendu au Gabon et a annulé une partie de la dette gabonaise...

Je dis ce que je sais. Ni Omar Bongo ni aucun autre chef d'État africain, par mon intermédiaire, n'a remis d'argent ni à Nicolas Sarkozy ni à Claude Guéant.

Vous en voulez à Alain Juppé...

Lui aussi me fait sourire quand je l'entends donner des leçons de morale. Je vais finir par cette histoire qui remonte à 1981. Alain Juppé a pris la tête du Club 89, un cercle de réflexion de chiraquiens qui s'est installé dans de superbes locaux de l'avenue Montaigne. C'est moi qui ai signé le bail du loyer, qui était de 50.000 francs mensuels, une somme pour l'époque.

D'ailleurs, le téléphone du 45, avenue Montaigne était à mon nom! L'argent d'Omar Bongo a payé le loyer pendant des années, entre

1981 et 1992. Les espèces du président gabonais ont fait vivre les permanents pendant des années… Le secrétaire général du Club 89, Alain Juppé, ne pouvait pas l'ignorer. Je sais qu'aujourd'hui tout le monde a la mémoire qui flanche. Moi, pas encore.

Le Lys Noir

Les militaires français ne cachent plus grand-chose. Ils peuvent dire qu'ils sont pacsés avec une personne du même sexe ; ne dissimulent guère leurs opinions politiques, et rarement leurs options religieuses. Il reste pourtant un tabou dans l'armée d'active : l'appartenance à la franc-maçonnerie. Pour un militaire, l'appartenance à la franc-maçonnerie demeure un indicible secret.

Sauf exception, les couteaux restent dans les poches, et les antagonismes sont policés par l'étiquette de la popote ou du carré. Mais la rupture existe bien, affirme un officier de l'armée, vénérable d'une loge de la GLNF, où l'on croit pourtant en Dieu: *«On est ostracisé par les intégristes. Le militaire dans la ligne, habitant Versailles avec ses huit gosses, ne nous aime pas beaucoup. Un ami m'a dit un jour qu'il aimerait bien nous rejoindre, mais que pour ça il est trop catho! Ceux qui viennent chez nous sont des tourmentés, quasiment des protestants. Pour les vrais purs, c'est totalement inconcevable.»* D'ailleurs, les francs-maçons militaires d'active seraient bien peu. Une source maçonnique ayant travaillé sur ce sujet les estime entre 800 et 900, pour les trois armées. Presque tous officiers.

Dans la revue des saint-cyriens, *Le Casoar,* le général Dominique Chavanat fustigeait en 2003 l'observation par les francs-maçons du secret de leur appartenance: *«Moralement, la seule justification du secret est la sécurité. Rien ne paraît donc justifier l'absence de transparence dans le fonctionnement de la franc-maçonnerie. Si la légitime solidarité qui lie les frères amène à favoriser l'un d'entre eux pour l'attribution d'un poste de responsabilité ou une promotion, c'est nécessairement au détriment d'un tiers qui peut être plus compétent ou plus méritant. Est-il vrai que des frères militaires puissent avoir sur d'autres frères de grade supérieur une certaine autorité en vertu de leur grade dans la franc-maçonnerie?»*

Le colonel Patrick Lavarde, qui appartient à la GLNF, répond que le secret d'appartenance interdit seulement de révéler l'appartenance d'un autre maçon, et que le secret de fonctionnement n'existe pas plus que pour toute autre association régie par le loi du 1er juillet 1901.

A condition qu'ils votent à gauche ou qu'ils adhèrent à la droite libérale, les militaires des troupes de marine ou de la Légion étrangère sont plus souvent francs-maçons que les autres. Les choses ont évolué avec le temps, souligne Jean-Yves Guengant, historien de la franc-maçonnerie navale: *« Autrefois, c'est dans l'artillerie et la marine que la franc-maçonnerie était la mieux représentée. A Brest, notamment à la loge Les Amis de Sully, les médecins militaires ont toujours été en nombre»*

Les maçons marins affichent une particularité: les loges des cinq ports de guerre historiques, à savoir Toulon (La Réunion), Lorient (Nature et philantropie), Rochefort (L'Accord parfait), Brest (Les Amis de Sully) et Cherbourg (La Solidarité Jean-Goubert) se sont rapprochées. Elles se retrouvent annuellement dans un port différent, et l'adhésion à l'une implique, cas unique, l'adhésion aux autres.

Sans nouvelle cotisation ni épreuves initiatiques. Alors que quatre de ces loges appartiennent au GODF, et la cinquième à la GLNF. Capitaine de vaisseau retraité, Alain Fumaz est grand secrétaire adjoint aux affaires extérieures, au GODF de la rue Cadet, à Paris. Il voit, étonné, les jeunes officiers passer «sous le bandeau», *« comme si l'affaire des fiches était enfin oubliée. Seulement à Toulon, je connais une dizaine d'officiers d'active et des sous-officiers très assidus en loge. Ils ne viennent pas pour s'y retrouver ,* se réjouit-il, *mais pour s'ouvrir, sortir de leur monde et réfléchir à autre chose».*

Association Défense et République

L'Association Défense et République (Ader) réunit militaires de tous grades et obédiences, réservistes, industriels de l'armement, journalistes spécialisés, etc. Seule condition : être franc-maçon. Ader est l'héritière du Groupement amical de la défense nationale, que Philippe Guglielmi avait dissous, craignant que des affaires de corruption à Toulon déteignent sur elle. L'Ader possède une dizaine de «cercles», dont le cercle Augereau, à Paris. Il coexiste avec Soult à Montpellier, Chevalier Saint-Georges pour les garnisons outre-mer, Lafayette à Bordeaux, Massimy à Lyon, etc.

Coup d'Etat?

C'est le retour de «l'Appel au soldat», façon Maurice Barrès. Dans le sillage du Printemps français, ce mouvement informel apparu avec la Manif pour tous, des militants d'extrême-droite s'adressent aujourd'hui aux militaires en des termes inquiétants. «*Ceux qui évacuent d'un revers de main toute possibilité de coup d'Etat militaire en France feraient bien de réviser leurs classiques* », lit-on dans un journal diffusé sur Internet. Selon les animateurs du groupe Lys Noir, qui viennent de publier le premier numéro du magazine *Arsenal*, «un coup de force est à nouveau imaginable».

Dans l'appel au «putsch», l'Arsenal attend beaucoup des capitaines et des colonels des unités opérationnelles (« marsouins, cavaliers, forces spéciales, paras… ») pour prendre les affaires en mains ! Or, les officiers de l'armée française sont formés dans cet esprit de loyalisme envers les institutions et si l'on fait un bilan des putschs dans notre histoire, ils ne sont pas « légion »

Arsenal ne prend pas de gants pour désigner ses héros : les généraux Benoît Puga, Pierre de Villiers et Bruno Dary. Ils forment le casting de leur «junte». Ce n'est pas n'importe qui : le premier est le ex-chef d'état-major particulier du président de la République, le deuxième est le Chef des Armées, le troisième l'ancien Gouverneur militaire de Paris.

Visant un public militaire, *Arsenal* se présente comme l'émanation d'un Mouvement du 6-Mai jusqu'à présent inconnu, qui dit appartenir à la mouvance du Printemps français. Il aurait été lancé, selon la revue, par les *"cellules solidaires du Lys noir"*, appellation pompeuse derrière laquelle se cache Rodolphe Crevelle, vieux routier de l'extrême droite radicale au passé tumultueux qui, après avoir fréquenté plusieurs de ses chapelles, se réclame de l'*"anarcho-royalisme"*.

Ce n'est pas l'appel au putsch qui est jugé préoccupant en tant que tel, mais le fait que plusieurs officiers généraux catholiques de renom soient, pour l'occasion, présentés comme les fers de lance d'un combat contre *"le cabinet franc-maçon"* du ministre Jean-Yves Le Drian

Aux dires d'*Arsenal,* tous trois auraient pu former, en raison de leurs positions, de leurs idéaux nationaux-catholiques et de leur aura opérationnelle, de possibles points d'appui pour un "sursaut". Le fanzine semble déplorer que ces officiers généraux n'aient pas encore sauté le pas. Et finit par estimer que *"le salut viendra des capitaines"*.

Benoit Puga est le frère de l'abbé Denis Puga, un prêtre intégriste qui officie à Saint-Nicolas-du Chardonnay. Pierre de Villiers est le frère cadet du vendéen Philippe de Villiers. Quant à Bruno Dary, qui n'est plus en activité depuis 2012, il s'est engagé avec la Manif pour tous, pour «*donner un coup de main*» en matière d'organisation. Représentant de la sensibilité «catho-tradi», ces trois officiers n'ont évidemment rien à voir avec le groupuscule du Lys Noir et n'ont pas encore réagi à cette feuille.

Au ministère de la Défense, on prend très au sérieux cette publication bien informée et dont l'appel au coup d'Etat est une première: «*la libération de la parole peut entrainer des comportements déviants*» met-on en garde.

Un responsable du Lys Noir, qui ne souhaite s'exprimer que sous le pseudonyme de «Netchaev», assure que «*Puga parle évidemment de cette fracture civilisationnelle (le mariage gay) avec son frère. Et les officiers en discutent à table avec leurs enfants qui se font arrêter par la police*» lors des actions de la Manif pour tous.

Si l'on ne dispose pas de chiffres fiables, les policiers ont en effet été surpris par le nombre important de fils et de filles de militaires interpellés. Dans un milieu plus habitué aux Journées mondiales de la Jeunesse (JMJ) qu'aux confrontations musclées avec les CRS, l'affaire fait sensation. «*La police de Valls se comporte comme en Allemagne de l'Est*», s'affole-t-on dans l'Ouest parisien.

Dans les popotes militaires, «les esprits s'échauffent», reconnaît une source bien informée. Une rumeur court: les officiers dont les enfants ont été arrêtés seraient fichés et risqueraient de voir leur carrière freinée. Le ministère de la Défense dément officiellement l'existence d'une telle liste. En revanche, il confirme qu'une enquête a bien été demandée à la DPSD (Direction de la protection et de la sécurité de la Défense) au sujet du mouvement intégriste Civitas, où se retrouvent des familles de militaires.

Cela n'empêche pourtant pas un officier général de raconter que « la liste est sur le bureau du ministre ! ». « C'est le retour de l'affaire des fiches », explique un autre, faisant référence au scandale qui secoua la IIIe République laïcarde : en 1902, le ministère de la Guerre s'appuyait sur les loges franc-maçonnes pour ficher les officiers catholiques pratiquants.

Le Lys Noir, qui trouve que «l'OAS est un mouvement extrêmement estimable», en appelle ainsi à une «révolution des œillets» à la française, en référence au coup d'Etat de l'armée portugaise en 1974.

Il y a 250 000 militaires dans le pays, mais le «Lys Noir» est une infinie minorité qui cherche à avoir un impact sur les autres, car elle est très présente. Ce n'est d'ailleurs pas parce qu'ils sont militaires qu'ils appartiennent à ce mouvement: ils sont militaires et appartiennent à ce mouvement. Ce qu'il faut comprendre, c'est qu'il y a une radicalisation de la droite chez ces militaires qui sont dans des milieux favorisés.

Le FN fait des scores très faibles chez «eux». Ils sont attirés par d'autres courants. Par ailleurs, depuis l'arrivée des socialistes au pouvoir, il y a une double crispation qui s'est installée. Les services de renseignement ont placé cette frange, minoritaire mais rendue très visible depuis les manifestations anti-mariage gay, sous surveillance.

Les effets médiatisés de la «Manif pour tous» à laquelle ont participé des citoyens de la communauté militaire en civil, leurs enfants, à titre privé, ont créé aussi une situation délétère. Les témoignages et l'exploitation politique ont montré une instrumentalisation grave dont les armées sont aujourd'hui victimes.

Cet ensemble de faits contribue à la construction de relations tendues, non exprimées certes à ce jour d'une manière formelle, mais réelles. Les chefs militaires sont fortement discrets. Leurs pouvoirs sont rognés ou en instance de l'être. Fragiliser encore plus leur autorité et les moyens de l'exercer au profit de la « technostructure » pourrait être lourd de conséquences.

La gravité de la situation est reflétée par un article du *Monde* du 8 juin 2013 avec cet «officiel» qui déclare : *« Les jeunes officiers peuvent se dire : si un cinq étoiles peut prendre la parole comme ça, pourquoi pas moi ?»* en se référant notamment aux engagements du général Dary.

Il est vrai que les rumeurs courent sur des appartenances maçonniques au sein du ministère de la défense. L'Arsenal voit *«une armée française minée par les jeux vidéos à la base et par la franc-maçonnerie à la tête»*. Il semblerait selon l'un des articles du dossier que le Grand Orient de France disposerait même d'une association lui servant de « couverture » pour agir au sein des armées, l'association défense et république (ADER)

Michel Roussin

Michel Roussin, né à Rabat (Maroc) en 1939, est un ancien officier de la gendarmerie et d'artillerie, diplômé de l'Ecole nationale des langues orientales, qui parle donc plusieurs langues mais n'a jamais été réputé bavard.

En 1972, quittant la gendarmerie, il devient commandant militaire à Matignon, où il rencontre, deux ans plus tard, Jacques Chirac. Lorsque celui-ci démissionne, en 1976, il rejoint le corps préfectoral puis, de 1977 à 1981, est directeur de cabinet du directeur général du SDECE (actuelle DGSE).

Il retrouve M. Chirac en 1983 à la mairie de Paris, où il sera son chef de cabinet de 1984 à 1986, avant d'occuper la même fonction à Matignon jusqu'en 1988. Retour ensuite, en 1989, à la mairie, où il sera directeur de cabinet jusqu'en 1993, année où il est nommé ministre de la Coopération dans le gouvernement Balladur.

Puis les ennuis commencent, dans le sillage de plusieurs scandales politico-financiers. En 1994, il est mis en examen dans l'affaire des fausses factures des HLM de la Ville de Paris et des Hauts-de-Seine, pour laquelle il bénéficiera d'un non-lieu.

Adjoint au maire de Paris Jean Tiberi chargé de la Francophonie

(1995-2000), il est à nouveau mis en examen en décembre 2000, dans l'affaire de l'attribution des marchés publics des lycées d'Ile-de-France.

Il passera cinq jours en détention provisoire fin 2000 et sera condamné à quatre ans de prison avec sursis pour complicité et recel de corruption, condamnation devenue définitive en 2008. Au procès en appel en 2006, il avait dit se considérer comme un "bouc émissaire", un "coupable commode, parce qu'on ne peut pas aller plus loin".

En 2003, il était mis en examen dans l'affaire des chargés de mission de la mairie de Paris, qui lui vaut de comparaître de nouveau en justice, encourant cette fois trois ans de prison et 375.000 euros d'amende.

Il a été président du comité Afrique du MEDEF et vice-président du groupe Bolloré de 2000 à 2010. En 2010, il quitte le groupe Bolloré pour devenir conseiller du président d'EDF, poste qu'il quitte en 2015 pour revenir chez Bolloré, chargé notamment de la construction d'une boucle ferroviaire en Afrique de l'ouest...

Justice

En tant qu'ancien directeur de cabinet du maire de Paris (1989-93), M. Roussin, 72 ans, est jugé par le tribunal correctionnel, aux côtés de son successeur Rémy Chardon (1993-95), pour complicité d'abus de confiance.

Le principal prévenu dans ce procès est Jacques Chirac lui-même, qui aurait donc dû être en première ligne pour répondre du recrutement de chargés de mission soupçonnés d'avoir plus servi sa carrière politique que les Parisiens. Mais il n'est pas là, étant jugé en son absence pour raisons de santé.

Le rôle du directeur de cabinet est "très technique", "arithmétique", il "ne fait qu'exécuter la demande des autorités qui le saisissent", a déclaré M. Roussin d'un ton calme, debout dans son costume sombre, face au président du tribunal. Le message est clair mais le verbe contenu.

La Villa

L'enquête du juge Halphen sur la villa de l'ancien ministre de la Coopération Michel Roussin fait apparaître qu'une entreprise, la Société de construction générale et de produits manufacturés (SCGPM), qui a réglé des factures douteuses au journal électoral du conseiller général RPR de Clichy Didier Schuller, y a réalisé des travaux.

Cette entreprise figure dans le dossier des fausses factures en Ile-de-France pour avoir effectué des règlements suspects à Jean-Claude Méry, le promoteur immobilier RPR incarcéré dans cette affaire. L'enquête sur les circonstances de la construction de la villa de l'ancien directeur de cabinet du Directeur général du Sdece, l'actuelle DGSE, à Grimaud (Var) est l'un des plus récents volets de l'instruction du juge de Créteil.

Les policiers de la brigade financière ont saisi le permis de construire de la villa. L'acquisition du terrain par Michel Roussin, en octobre 1987, laissait planer des interrogations. Les négociations d'achat avaient été conduites par Michel Mauer, l'ex-PDG de la Cogedim, acquéreur de six lots à Val Grimaud , dont celui de Michel Roussin. Estimé par le marché à un million de francs, le terrain avait été cédé à l'ancien ministre de Balladur pour 400.000 francs.

Guy Monnet, l'un des architectes de la Cogedim, a été chargé de dessiner les plans des villas. Deux terrains voisins ont été vendus par Michel Mauer à d'autres chefs d'entreprise parisiens, Albert Auliac et un ancien directeur de la Cogedim, Gilbert Chapron, tous deux décédés depuis. La mort des deux hommes d'affaires a récemment donné lieu à des investigations. La gendarmerie mène l'enquête sur la mort, dans un accident de la route, d'Albert Auliac. Et le corps de Gilbert Chapron, décédé il y a plus d'un an, a été exhumé à la demande du parquet de Draguignan.

Françafrique

Michel Roussin renoue avec sa passion première: l'Afrique. Après s'être occupé trois ans durant des activités asiatiques du groupe de BTP Eiffage en tant que président de sa filiale SAE International, l'ancien ministre (RPR) de la Coopération fête son soixantième anniversaire en rejoignant Vincent Bolloré. Il prend le titre de vice-président du groupe Bolloré, chargé de coordonner les activités africaines.

Ce passage à la Coopération aura été décisif: adepte de la « banalisation» des rapports entre la France et l'Afrique, c'est Michel Roussin en effet qui a imposé en janvier 1994 la dévaluation de 50 % du franc CFA, contre l'avis de nombre de ses amis chiraquiens et africains.

Président depuis 1996 du comité Afrique-Caraïbes-Pacifique du Medef, Michel Roussin aime plaider en faveur de 4 priorités en matière de coopération économique Nord-Sud: aider les pays africains à définir un cadre réglementaire *«clair et stable»*; privilégier le développement des infrastructures de communication; mettre en place des systèmes de formation adaptés aux métiers des entreprises locales; développer, enfin, les marchés régionaux africains

Il a créé et animé l'émission Paroles d'Afrique sur Direct 8, chaîne du groupe Bolloré, dont les premiers invités furent l'ambassadeur du Congo Brazzaville, Henri Lopès, et Louis Gardel, écrivain, scénariste de Fort Saganne; Denis Sassou-Nguesso, président du Congo Brazzaville, fit l'objet d'un reportage au cours de cette émission.

Son appartenance supposée à la franc-maçonnerie a été évoquée par Patrice Burnat et Christian de Villeneuve, son affiliation supposée à la GLUA a été évoquée par Ghislaine Ottenheimer et Renaud Lecadre.

Pierre Marion

Pierre Marion avait été nommé à la tête du SDECE (Service de documentation extérieure et de contre-espionnage) par le président François Mitterrand en 1981. Cet homme de caractère ne possédait aucune expérience du renseignement lors de sa nomination, hormis celle, bien modeste, d'occasionnel "honorable correspondant" du service. Alors même qu'il devait succéder à un recordman de longévité : le comte Alexandre de Marenches, nommé en 1969 par Georges Pompidou, et qui occupait encore la place en 1981.

Né en 1921, Pierre Marion était originaire de Marseille où son père possédait une grosse entreprise de travaux publics. Brillant élève, il entre à 18 ans à l'école polytechnique d'où il sort en 1942 pour être embauché par Air France, où il effectuera la plus grande partie de sa carrière, notamment en Asie. En 1971, il quitte le transporteur pour devenir délégué général de la société Aérospatiale (Société nationale industrielle aérospatiale-SNIAS) pour l'Amérique du Nord. Il y restera dix ans. Alexandre de Marenches ayant refusé de rester en poste au SDECE comme le lui avait proposé François Mitterrand, Pierre Marion est sollicité par son ami le ministre de la Défense Charles Hernu.

Les deux hommes partagent une adhésion à la franc-maçonnerie, mais Marion n'est pas un militant socialiste. Il est nommé le 17 juin 1981 à la tête du SDECE.

Pierre Marion a entamé la modernisation et ardemment réformé le service, au point de le faire changer de nom afin qu'il devienne la DGSE. Mais la purge à laquelle il s'est livré en arrivant au SDECE, l'a coupé d'une partie du service. Les relations qu'il a entretenues avec le pouvoir n'ont jamais été excellentes.

Bourreau de travail qui exigeait le même effort de ses collaborateurs, très à cheval sur ses prérogatives, en butte à l'hostilité des militaires qui estimaient avoir des droits sur ce poste, il croisa le fer à de nombreuses reprises avec le ministère de l'Intérieur et avec la cellule de l'Élysée, notamment sur l'organisation de la lutte antiterroriste.

Adepte des longs développements géostratégiques, il a rapidement indisposé ses interlocuteurs habituels à l'Élysée. Preuve de l'absence de confiance des socialistes envers sa maison: il ne fut jamais mis au courant de l'affaire Farewell.

Rappelons que Vladimir Vetrov, colonel du KGB, avait fourni à la DST, à Moscou, des milliers de documents sur l'espionnage soviétique. À l'été 1982, à peine un an après avoir été nommé, il est lâché par ses amis Charles Hernu et François de Grossouvre. François Mitterrand décide dès lors de le remercier, ce qui sera fait en novembre 1982 sans lui donner d'explication, mais en lui offrant la présidence d'Aéroports de Paris.

Aux journalistes Roger Faligot et Pascal Krop, Pierre Marion confessera en 1985 son ignorance des motivations présidentielles: "*Je ne sais toujours pas pourquoi on m'a évincé.*" Puis, après avoir écrit plusieurs livres féroces sur le complexe militaro-industriel, le renseignement et François Mitterrand, il en viendra à une explication plus avantageuse: "*Lorsque j'ai compris que le Président ne jouait plus le jeu, et avait décidé de faire espionner sur une large échelle des citoyens français, j'ai pris la décision de démission*".

Pierre Marion restera aussi celui qui engagea les services secrets français, bien avant la fin de la guerre froide, dans l'espionnage économique, au profit des entreprises françaises. Ses successeurs immédiats, Pierre Lacoste, puis François Mermet, avaient poursuivi dans cette voie. Mais c'est Marion qui avait largement popularisé cette pratique en l'admettant publiquement en 1991, lors d'une émission de la chaîne américaine NBC.

Imbot: Pére et Fils

Les trépas de témoins de l'opération Bravo aiguisent la curiosité de Renaud Van Ruymbeke et Dominique de Talancé. Les deux juges d'instruction, chargés d'un dossier de corruption et escroquerie concernant la vente des six frégates Lafayette à Taïwan en 1992 pour 15 milliards de francs, tentent d'élucider la place de ces morts mystérieux dans le puzzle de l'affaire.

Les juges veulent faire le contraire de leurs collègues américains, qui, ne pouvant coincer Al Capone pour ses crimes de sang, ont travaillé sur ses affaires financières. Là, à défaut de pouvoir avancer sur l'argent, les juges se consacrent au sang.

Les assassinats

Le 4 juin 2001, Jacques Morisson, négociateur des aspects techniques de Bravo, s'écrase dans la cour de son immeuble de Neuilly. L'enquête établit que cet ancien capitaine de vaisseau de 66 ans, résident du deuxième étage, est tombé du cinquième par la fenêtre de l'escalier de service. La vie ne souriait plus guère à Morisson, plongé dans une dépression.

Saisie d'une recherche des causes de cette mort, la police des Hauts-de-Seine conclut que l'ex-négociateur de Thales (ex-Thomson-CSF) s'est suicidé. La gendarmerie maritime, qui travaille sur commission rogatoire des juges Van Ruymbeke et Talancé, veut en savoir plus.

Le 18 juin 2002, les gendarmes perquisitionnent au siège de Thales, pour chercher entre autres choses le dossier de Morisson. Trois jours plus tard, les magistrats demandent au secrétaire général de Thales, Alexandre Begougne de Juniac, s'il s'est posé des questions «à la suite des morts étranges».

Morisson avait signalé à son entourage être «le dernier survivant de l'équipe» de négociateurs. Il s'alarmait de ce statut angoissant. Fin juin, Van Ruymbeke reçoit un appel téléphonique anonyme. L'interlocuteur inconnu au bout du fil lui assure que Morisson était terrorisé. Il avait été menacé de mort, au point de vouloir changer de nom.

Le décès de Morisson sème aussi le trouble dans les services secrets. Sitôt sa mort connue, deux inspecteurs de la Direction de la protection et de la sécurité de la défense (DPSD) se rendent au commissariat de Neuilly pour glaner les éléments de l'enquête.

Plutôt que de passer cette visite sous silence, un lieutenant de police la consigne sur procès-verbal. Les deux agents secrets sont convoqués pour s'expliquer. L'inspecteur de sûreté navale Luc C. répond avoir agi «par réflexe». Son collègue, Laurent M., affirme au contraire avoir obéi aux ordres de son supérieur. De leur propre aveu, les deux hommes ont voulu vérifier s'il y avait un lien entre la mort de Morisson et celle d'un agent secret, Thierry Imbot.

Thierry Imbot

En septembre 1985, le gouvernement de Laurent Fabius nomme le père de Thierry, le général René Imbot, à la tête de la DGSE. Pour son service et pour son fils, l'ancien chef d'état-major de l'armée de terre a des ambitions. René dépêche Thierry à Pékin dans le cadre de sa politique d'ouverture à la Chine.

En 1991, le préfet Claude Silberzahn, nommé par François Mitterrand à la direction de la DGSE, renvoie Thierry Imbot, alors en poste à Washington, à ses premières amours. De retour à Taïwan, l'espion travaille sous couverture de la DREE du ministère des

Finances.

En 1993, l'agent secret refait sa vie privée avec une Américaine. Il est éconduit pour «faille dans le comportement» et «mise en vulnérabilité», selon Silberzahn. «Silberzahn ment», conteste René Imbot, qui évoque la «démission» de son fils.

Thierry Imbot refait sa vie professionnelle dans une société informatique de Washington liée aux services de renseignement français, puis se lance dans des activités commerciales avec l'Afrique. Il fait même office de consultant pour le marchand d'armes Pierre Falcone. Ce dernier, mis en examen dans l'affaire de l'Angolagate, lui a même versé des dizaines de milliers de dollars.

Le 10 octobre 2000, cet homme de 48 ans a chuté du quatrième étage, au 18 de la rue Jean-Goujon, près des Champs-Elysées. A 23 h 30, un locataire a trouvé son corps gisant au milieu de la cour de l'immeuble, un peu décalé par rapport à la fenêtre de son appartement, par laquelle il a dû passer. Allongé sur le dos, le cadavre portait un jean, des baskets et un blouson rouge. Le crâne était situé à 4,95 mètres de la base du mur, et le talon gauche à 3,43 mètres.

De l'avis général, l'espion, reconverti dans le commerce, ne s'est pas suicidé. Père de six enfants, marié à une directrice de production de CNN, correspondante à la Maison-Blanche, Susan Toffler, Imbot attendait l'arrivée imminente de son épouse, en congé sabbatique. Le jour de sa mort, il avait emménagé dans cet appartement de grand standing de 170 mètres carrés.

L'autopsie n'a pas permis de relever de traces de coups sur le corps d'Imbot ni de drogue dans son sang. Saisie de l'enquête, la Brigade criminelle conclut qu'Imbot est tombé en fermant ses volets, basculant au-dessus de la rambarde en fer forgé haute de 76 centimètres. Il faisait mauvais temps, ce soir-là, et le vent soufflait par rafales. A l'intérieur de l'appartement, les policiers ont trouvé les lumières éteintes. Selon le scénario officiel, Imbot s'apprêtait à sortir.

René Imbot

Le général d'armée René Imbot, avait dirigé la DGSE pendant deux ans de 1985 à 1987 où il avait été chargé de remettre de l'ordre après le sabotage du Rainbow Warrior par des agents de la DGSE.

Ce sabotage, dans le port d'Auckland au cours de la nuit du 9 au 10 juillet 1985, du bateau de l'organisation écologiste Greenpeace opposée aux essais nucléaires français dans le Pacifique, avait fait un mort et déclenché l'un des scandales du premier septennat de François Mitterrand.

Après la démission du ministre de la Défense Charles Hernu et le limogeage de l'amiral Pierre Lacoste, directeur de la DGSE, le général Imbot est nommé, le 25 septembre 1985, boulevard Mortier (XXe) maison-mère des espions français, pour remettre de l'ordre et réorganiser la "Piscine".

Trois jours après sa nomination, le général Imbot apparaît en uniforme au début du journal télévisé lors d'un coup de gueule mémorable et dénonce une "opération maligne de déstabilisation et de destruction" des services secrets français. "J'ai trouvé les gens qu'il fallait sanctionner, j'ai coupé les branches pourries. La DGSE est verrouillée", déclare-t-il d'un ton sec.

Né le 17 mars 1925 à Roussillon (Vaucluse), cet enfant de troupe rejoint à 16 ans le maquis pour participer aux combats de la libération. Saint-cyrien, il sert pendant vingt ans à la Légion étrangère, notamment en Indochine, obtenant la Croix de guerre des théâtres d'opérations extérieures avec huit citations.

En 1964, il sort major de l'Ecole supérieure de guerre et occupe divers postes de commandement, dont celui de directeur du personnel militaire de l'armée de terre. Il est choisi par Charles Hernu en mars 1983 comme chef d'état-major de l'armée de terre. Là, il met sur pied, en moins de deux ans, la Force d'action rapide (FAR) pour l'intervention en Europe et outre-mer.

Très présent sur le terrain, il inspecte les troupes françaises au Tchad ou à Beyrouth, assis à l'avant d'une Jeep, le fusil d'assaut Famas dans les bras.

A la DGSE, il réorganise le service action, ferme la base des nageurs de combat à Aspretto (Corse) et recrée le 11e choc, dissous après la guerre d'Algérie. Il renforce le dispositif interne du service de sécurité et engage la modernisation technique de la DGSE, tout en imposant le silence dans les rangs.

Grand'croix de la Légion d'honneur, le général Imbot s'était retiré après son départ de la DGSE le 2 décembre 1985, dans le Vaucluse.

Le 10 juin 2002, dans le cabinet du juge Van Ruymbeke, René Imbot assure que son fils a été envoyé à Taïwan pour suivre de près le dossier des ventes d'armes:«*Il savait tout et il tenait la DGSE informée. Il a dû faire des rapports de mission, notamment auprès de M. Silberzahn.*»

Le général à la retraite raconte que son fils a évoqué devant lui des commissions grâce auxquelles des «fortunes colossales» se seraient constituées à Taïwan et en France. Le 26 juin 2002, Claude Silberzahn assure être dans l'incapacité de préciser au juge quels rapports ou «codages» son officier à Taïwan a rédigés.

En une formule obscure, l'ancien directeur de la DGSE dit avoir été «*surpris mais pas complètement étonné*» de la mort de l'espion

Imbot. Comme nombre d'agents, il avait traité, selon le préfet, des affaires «comportant des risques».

René Imbot dit ne disposer d'aucun indice laissant penser à un assassinat. Le général a narré à la police, puis au juge, que son fils avait subi un étrange accident le vendredi 6 octobre 2000, quatre jours avant sa mort. Alors qu'il sortait de sa voiture de location stationnée rue Jean-Goujon, l'ancien agent secret avait «*été surpris de voir un véhicule débouler à toute allure et accrocher sa voiture*».

Il s'agissait d'un «accrochage bénin», a répondu aux policiers la société Avis, propriétaire du véhicule. Il n'empêche que Thierry Imbot, un peu choqué, avait averti ses proches de son intention de se soumettre à des radiographies à l'hôpital du Val-de-Grâce.

Le lendemain de sa mort, selon son père, Thierry Imbot avait un rendez-vous important avec un journaliste. Le 26 juin 2002, Christine Deviers-Joncour explique au juge Van Ruymbeke qu'elle avait pris contact avec Imbot pour échanger des considérations sur l'affaire.

Après la mort d'Imbot, l'homme qui les avait mis en relation, Marcel L., haut gradé de la Grande Loge nationale française, aurait rappelé l'ancienne amie d'Alfred Sirven en lui disant : «Ils l'ont tué.» Un autre ami d'Imbot, Alexandre Adler, doute que l'ancien agent ait été victime d'un accident. Le journaliste historien confie que des sources dans les milieux du renseignement de Chine populaire lui ont parlé d'un assassinat «avec main-d'oeuvre chinoise et commandite française».

Imbot avait raconté à Alexandre Adler qu'il connaissait l'identité d'un gangster yakusa, surnommé «le loup blanc», ayant assassiné le capitaine taïwanais Yin Ching-feng, premier des «cadavres exquis» des frégates. Le 10 décembre 1993, le corps de ce militaire avait été retrouvé par un pêcheur sur une plage de Taïwan. Ses poumons ne contenaient pas d'eau, ce qui excluait une noyade.

L'autopsie a révélé des coups portés à la nuque. «*L'affaire de l'assassinat du capitaine Yin est étroitement liée à l'affaire de corruption concernant l'achat des frégates françaises*», conclut le rapport de la commission d'enquête parlementaire. Trois mois avant sa mort, le capitaine, chargé des achats de la marine taïwanaise, avait été envoyé en mission à Lorient, à la Direction des constructions navales, où les frégates sont construites. Le capitaine était revenu de Bretagne avec un rapport très négatif concernant les vaisseaux de guerre français. «*Je cours un danger de mort*», avait confié Yin au chef de la délégation.

Selon la commission d'enquête parlementaire de Taipei, les autorités taïwanaises ont fait preuve de mauvaise volonté pour élucider la mort de Yin. Tous les indices ont été détruits. Seuls les témoins mineurs ont été auditionnés et les plus importants sont en fuite. Les enquêteurs de la marine n'ont pas cherché d'empreintes digitales dans le bureau de Yin, sans doute fouillé par ses ennemis. Un officier découvrait finalement entre les tiroirs de Yin des enregistrements, des notes, des photos et d'autres pièces à conviction accusatrices pour des chefs de l'armée taïwanaise.

En mai 2002, la veuve de Yin, Lee Mei-kuei, a voulu témoigner devant les juges français. De peur d'être refoulée à la frontière française, elle a pris un avion à destination d'un autre pays européen, puis est arrivée à Paris en voiture, pour pousser par surprise la porte du juge Van Ruymbeke au côté de son avocat Thibault de Montbrial.

Au juge, Lee Mei-kuei a narré que son mari avait eu le tort de critiquer les défauts des frégates et de s'opposer à leur achat. Deux cambriolages ont été perpétrés chez Lee Mei-kuei après la mort de son mari ; ses archives sur Bravo ont été dérobées.

Neuf ans plus tard, la justice de Taipei n'a toujours pas fait la lumière, même si des suspects sont visés. L'un des principaux acteurs du dossier, l'intermédiaire Andrew Wang, qui oeuvrait en faveur de Thomson lors des négociations, fait l'objet d'un mandat d'arrêt délivré pour «violation du secret militaire» et «homicide».

«*Je n'ai jamais commis aucun crime*», se défend sans cesse l'intéressé. Mais Wang était présent à l'ultime rendez-vous de Yin avec des officiers, le jour de sa mort. Le représentant régional de Thomson, Jean-Claude Albessard, était, semble- t-il, là lui aussi. Il a quitté l'île quelques jours plus tard. «Pour raisons médicales», selon le secrétaire général de Thomson. Albessard est décédé à Tokyo en mars 2000.

Grand Loge Nationale

Ils étaient quinze hauts gradés de la GLNF qui décidèrent, en 2003, de claquer la porte pour aller créer une nouvelle obédience, la Grande Loge des cultures et de la spiritualité (GLCS).

«*Cela pouvait paraître un peu ridicule de créer une structure alors qu'il existait déjà neuf obédiences,* explique François Thual, grand maître d'honneur et par ailleurs professeur de géopolitique à l'Ecole de guerre.

Mais nous refusions à la fois l'affairisme, la bureaucratie et le conservatisme qui empêchaient tout retour aux origines de la maçonnerie, que l'on pourrait résumer par la trilogie "liberté, égalité, spiritualité". » Aux origines de leur agacement se trouve notamment le refus d'initier des femmes. «*En trente-deux ans de maçonnerie, je n'ai jamais trouvé personne qui soit capable de fournir une raison convaincante à cette non-mixité,* s'indigne Marcel Laurent, grand maître de la GLCS. "*On m'a souvent expliqué que les épouses ne laisseraient pas leurs maris aller en loge s'il y avait d'autres femmes. Dans ce cas, elles devraient aussi leur interdire de se rendre à leur travail !*»

Les quinze fondateurs appartiennent tous à la caste des décideurs, puisqu'on y trouve, notamment, le général René Imbot, ancien

patron de la DGSE, le général Jeannou Lacaze, un dirigeant d'EDF, un directeur de l'administration pénitentiaire, un cadre de la DGSE, un autre de la DST, un juge d'instruction, un procureur, un ancien député... Ils ont recruté dans leur réseau amical et fédèrent aujourd'hui 350 personnes, dont 20 % de femmes.

Alain Juillet

Né en septembre 1942, Alain Juillet est un ancien membre des services secrets, ancien officier du service Action du SDECE (Service de documentation extérieure et de contre-espionnage) dès les années 1960, qui est demeuré ensuite un HC (Honorable Correspondant) durant sa très longue carrière dans diverses entreprises, commencée auprès de Paul Ricard.

Il s'est ensuite fait une spécialité des restructurations d'entreprises - Marks & Spencer étant la dernière - avant de revenir aux services secrets en 2002, pour prendre le poste de directeur du renseignement de la DGSE, numéro deux du service.

La rupture

Près de 2.000 frères, dissidents de la GLNF, étaient réunis le 28 avril à Tours pour créer une nouvelle obédience. Mais cette fois, aucune publicité n'était organisée autour. Pas de conférence de presse, pas de caméras. Chez les francs-maçons, les cris de naissance se poussent en silence.

La naissance de la *Grande Loge de l'Alliance maçonnique française* est l'aboutissement de plus de deux ans de lutte interne au sein de la Grande Loge nationale de France. *« Il y a longtemps que nous avons dénoncé les dérives autocrates de François Stifani, sa gestion opaque, son goût immodéré pour la médiatisation, sans parler de ses engagements politiques incompatibles avec notre comportement de franc-maçon. Il voulait faire des frères de la GLNF, "les soldats de Nicolas Sarkozy". Nous ne supportons plus de ces méthodes.»*

A l'issue d'une journée de conférences et débats, c'est Alain Juillet, 69 ans, ancien directeur du renseignement au sein de la DGSE et conseiller de grandes entreprises, qui devient le Grand Maître de l'Alliance. *«Cette création,* explique-t-il, *est la conséquence d'un très long travail. Il y avait une véritable dérive de nos valeurs, les fondamentaux étaient oubliés, ce qui nous posait de vrais problèmes spirituels. Il n'y avait plus de respect, plus de tolérance. Nous avions perdu les valeurs de la République ».*

Selon le nouveau Grand Maître, sur les 40 à 42.000 frères regroupés sous la bannière GLNF, 5.000 environ vont rejoindre l'Alliance. *«Même si notre but n'est pas de faire du nombre,* reprend Dominique Moreau, *je pense que très vite nous serons beaucoup plus nombreux. D'autres frères devraient nous rejoindre dans les semaines à venir. J'espère que les grandes loges européennes, dont certaines ne reconnaissent plus la GLNF, vont nous soutenir. Nos critères de vie sont conformes à nos valeurs. On a tourné la page de l'affairisme et du show-business»,* a declaré au magazine "Le Point".